살아 낸다, 질경이

김진명

1961년 평창 출생, 횡성과 강릉에서 성장
강원대 경영학과 졸업
㈜대우건설 30여 년 근무 후 상무로 명예퇴직
서울사이버대학교 웹문예창작학과 졸업
시집 『살아 낸다, 질경이』로 작품 활동
생명과문학 아카데미 회원

열린시선 13 김진명 시집
살아 낸다, 질경이

지은이 / 김진명
펴낸이 / 김윤환
펴낸곳 / 열린출판사
출판공급 / 열린출판디자인

1판 1쇄 펴낸 날 | 2024년 11월 12일
등록번호 / 제2-1802호
등록일자 / 1994년 8월 3일
주소 / 경기도 시흥시 하중로 203(3층)
전화 / 02-2275-3892
팩스 / 050-4417-3892
이메일 / pomreview@daum.net

2024 ⓒ김진명

* 저자와의 협의에 의해 인지는 생략합니다.
* 이 책은 전부 또는 일부 내용을 재사용하려면 저자와 출판사의 동의를 받아야 합니다.
* 이 도서의 국립도서관 출판도서목록은 서지정보유통서비스시스템 홈페이지와 국가자료 공동목록시스템에서 이용하실 수 있습니다.

IISBN 978-89-87548-43-2 (03810)
값12,000원

김진명 시집

살아 낸다, 질경이

열린출판사

■ 시인의 말

흙이 되어 날릴 뻔한 생,
주님의 자비와 축복에
아내의 지혜와 헌신이 더하여
좋은 손길을 만나고, 좋은 양식을 통해
암을 치유하고 새 삶을 살게 되었다
살게 되면서 언어의 영토에서 만난
문학의 은사 김윤환 교수님의 지도와
해설을 붙여 준 박부민 시인님의
과분한 격려에 힘입어
가난한 시詩의 첫발을 내딛는다
살아오면서 알게 모르게 사랑의 빚을 진
모든 분들과 졸시를 읽어 주실 분들에게
감사드리며, 주님께 영광을 올려 드린다

2024년 만추를 맞으며
김진명

■ 목차

제1부

우주 한 잔	12
허공에 집 한 채	13
타작마당	14
다시 살아	16
새 숨	17
그림자	18
시詩	19
울림길	20
백두의 눈물	21
밑 빠진 마음	22
마네킹	23

제2부

질경이	26
개망초	27
여로旅路	28
세貰	30
환삼덩굴	32
옥수수 추억	33
야생화	34
인진쑥청	35
자목련	36
잣나무 숲	38
오디	39
감자 먹는 사람들	40
염결廉潔하게	41

제3부

달항아리 44
지하철 소묘 46
새싹 47
머슴記 48
소찬 49
폭주 50
여우의 사랑 52
손잡고 53
직설直說 54
새 강령 56
진실에 대한 감사 57
예의에 대하여 58
거룩한 똥 60
해무海霧의 고백 61
신新 해방의 노래 62

제4부

길 밖의 길	66
Cancer Free	67
무를 다듬다	68
천국행 열차	69
당신의 광대가 되어	70
곁으로	71
새 생명의 자궁子宮	72
일상	74
비소유격 가족	75
교통 정보	76
5차원 아들	77
유영遊泳의 꿈	78
하이재킹	80

| 해설 | 박부민 시인
질경이처럼 살고 질경이처럼 쓰는 시   82

제1부

우주 한 잔

머그잔에 녹차 한 잔
고요히 들여다본다

말을 걸어오는 연록 색 찻물
또로록 말렸던 찻잎이
여울져 풀어지니
옹송그리던 마음도 풀린다

두 손으로 찻잔을 감싸
따스한 온기로
눈 마사지를 하며 명상에 들면

보인다, 은하들의 반짝임
빅뱅이 소용돌이쳐
별자리들이 춤춘다

가만히 손을 풀고
다향 속의 우주와
눈앞의 일상을 반추한다

허공에 집 한 채

허공에 나를
풀어 놓고 자유하는
집 한 채 지었네, 집 옆에
텃밭을 일구고 나무 세 그루
심었네, 보리수와 사과나무, 콩나무
보리수 밑에선 깨달음을 얻고 싶었네
뉴턴 사과나무 아래서 과학을 배우고 싶었고
콩나무가 자라면 타고 올라 하느님을 뵙고 싶었네
열반에 든 석가가 그 보리수는 그 보리수가 아니라 하고
뉴턴은 그 사과나무는 허공에선 거꾸로 자란다 하고
콩나무는 태양이 뜨거워 말라 버렸네, 배우고
깨우치는 것이 허공이라고, 자유처럼
자유롭지는 않아, 나는 허공의
집을 모두 부수고 다시
나를 풀어놓았네

타작마당

깻모를 심은 지 엊그제인데
천둥과 바람, 햇볕으로 영근 들깨
이내 타작을 한다

도리깨 받을 새도 없이 쏴그르르
깨알들이 주체 못할 몸짓으로 튀어 나온다

네 집이 아니니 어서 나오거라
모두 흙먼지 되어갈 섶이니라
거미줄 사슬의 머리통
돈, 돈, 돈맥에 막힌 혈관들도 풀어지거라

공중제비 재주 부려 내리치고
백발의 장모 도리깨도 작신작신 깨섶을
두들긴다, 두들겨 풀어놓는다.

아버지는 도리깨였다
곧은 물푸레 가지로 엮어 만든 도리깨
휘둘러 내리치는 춤사위에
어머니 눈알도 튀어나와
팔딱팔딱 뛴다

에구머니나 저게 다 무에야
천지사방 흩어져, 날 찾아봐라
숨바꼭질하는 알곡들
어르고 달래 긁어모은다

먼 산 단풍이 후욱 달려와
사과 같은 얼굴 디미는 가을

다시 살아

잠을 죽음과 같다고 하지만
새 시작을 꿈꾸는 시간이다

명예퇴직 후 무상한 일상에
씩씩한 산책을 한다
등산을 하고 강변도 거닐다
먼 하늘을 응시하며
푸르른 공기를 들이켜고
삶의 자유를 생각한다

모든 게 공空이라 하지만
낮 시간을 살고 고요히 밤을 맞아
축복의 잠에 들면
다시 샐러리맨이 되어
회의와 보고도 하고
회식도 한다

다시 무한의 학교에서 새로 배우며
다시 피울 삶의 지평
아침을 맞으면
새 하루가 부활한다

새 숨

기다리지 않아도
기대하지 않아도
세상의 장막을 뚫고
새 순은 돋아난다

권력은 지나가도
다시 돋는 싹
눈보라가 휘몰아쳐도
생명으로 솟아오른다

너는 기쁨
고단하고 어지러운 세상에
내일을 여는
연록빛 참 기쁨이다

지구촌 곳곳에
생기를 틔워
생생한 삶을 숨 쉬는
우리들의 새 숨이다

그림자

무서운 새 그림자가 있어요

살아가는 세상의 터전에서 생긴 그것이

붙들고 놓아 주지 않네요

햇살 아래 본래의 그림자도 벅찬데

왜 계속 따라오는 걸까요

해거름이면 큰 산의 그림자까지

가슴을 덮치는데 어찌 살까요

불 밝히고 마음을 조물조물 어루만져도

그림자는 없어지질 않네요

걷어 내 주세요, 세상 속에서

차별과 고립, 소외와 방치의

질긴 그림자를

시詩

대충大蟲을 포획하려
촘촘한 그물을 놓았으나
낙엽만 내려앉아 팔랑거린다

풍어를 위해
먼 바다에 그물을 쳤으나
폐구만 걸려 그물을 망친다

지혜와 명견을 찾아
사방을 탐색하지만
알량한 지식들만 두서없이 쌓인다

불후의 명작을 위해
몽상을 펼쳐보지만
시詩는 잡히지도 않고
훨훨 도망간다

울림길

이 길을 가려고 달려온
그대는 아니었지만
마음을 포개어 큰 사랑 이루시는
그 길 따라 눈물 꽃이 핍니다

길지 않은 생을 돌고 돌아
님에게로 가며 내주는 거죠

'나는 영원을 살러 갈 테니
당신은 이 세상에 팔짝팔짝
더 잘 살아 내라'고

돈후한 마음으로 세상을 보고
시린 가슴 서로 나누며
당신의 뜻으로 푸르게
살아 내리라고
눈물 꽃 다짐을 합니다

* 울림길 : 뇌사자가 장기 기증하러 들어가는 수술 길, 서울대병원 장기이식
센터에서 가족, 의료진, 직원들이 눈물로 배웅한다.

백두의 눈물

 나의 시작은 눈물 고요한 태백산이 흘린 눈물이었어 적요로운 긴 밤을 지새우고 여명 속에 안개가 피어오를 때 수정처럼 맑게 떨어뜨린 눈물이 삶의 시작이었어 낙엽의 등을 타고 내려 계곡에서 다시 기쁨처럼 솟아나는 샘이 되었다 산새와 토끼들이 놀다 가자 시냇물 따라 흐르며 버들강아지 배가 불룩 부풀고 아이들이 물장구를 치며 송사리와 가재가 술래잡기 하는 모습들도 지켜보았지 지지배배 새들의 소나타도 감상했어 한때 저수지에서 맴돌다 흙탕물에 섞여 긴 터널을 통과하는 여행도 했어 축복같은 비가 내 덩치를 키우고 선후배 동지들을 더 만나 쾌속선을 타고 낙동강으로 흘러갔어 '보'라는 주막에 갔지 피라미와 꺽지, 메기와 잉어도 만나 함께 뛰놀았어 흐름과 흐름을 탔더니 어쩌면 생의 중간 목적지랄까 바다에 이르렀네 넓긴 넓구만 태평양이라네 세계 각지에서 달려온 친구들과 만나 섞이고 섞여 어울리네 멸치 꽁치 광어에 참치 장어 알 수 없는 물고기 떼들과 상어 고래에 이르기까지 함께 노닐다가

 고래가 내뿜는 물보라 속에
 떠오르는 무지개 등에 올라탔어
 현기증, 나는 솟아오르고 올라
 두둥실 떠가는 뭉게구름 속
 천둥과 번개의 쇼도 관람하며
 판토마임하며 놀다 바람을 만나 흘러가
 다음 생엔 백두산 눈물이 되어 볼까

밑 빠진 마음

숲속에 누워 하늘을 바라보면
청정한 기상으로 끝없이
하늘 강이 흐른다

강은 바다가 되어 밀려오고
구름은 물고기 떼로 유영한다
푸르른 산중 몽환처럼 피어나는 물안개
나무들은 땅속으로도 자란다

귀를 세우면 물, 바람, 새 소리
바람과 바람이 살 비비며
나무와 나무가 속삭이고
곤충과 벌, 나비들의 노동요와
사랑의 아리아가 울려 퍼진다

영혼이 창공에서 탭 댄스로 뛰놀고
꿈같은 님의 품속에 허허로운 무심
산들바람이 눈썹을 스치고 지나간다

마네킹

에두아르 마네의 생각을 닮았나
마네킹이라는 이름이 슬프다

거리의 창가에 때론 모가지도 떼이고
전신, 반신 팔다리 잘린 채
드러난 속살에 조롱의 시선도 받는데

화려한 드레스와 기품 있는 자켓이면
귀부인이 될까, 반짝이는 셔츠에 핫팬츠
새빨간 루즈의 통통 튀는 미소녀
멋진 커플룩이면 더 신날까

광화문, 남대문, 명동
파리, 런던, 뉴욕의 쇼윈도우에
걸어 다니는 마네킹들
생의 경계를 넘나든다

AI 가수가 케이팝을 부르고
장기를 바꾸어 끼우면
신들을 넘어서 영원한 마네킹의 세상처럼
모두가 AI 같은 마네킹 되어 살까

제2부

질경이

마당에도 길 복판에도
질기고 질긴 역사

핍박을 견디는 민족들
짓이겨 찢기는
팔레스타인, 우크라이나 난민들 같이
포탄 지옥 재난 속에서도
살아 낸다, 질경이

거친 노상, 몸부림치며
핏물, 눈물로 뿌리내리고
우주 아래
내일을 바라 솟구친다

모진 폭풍 뚫고
함께 일어선다
질경이

개망초

산과 들의 백성들
어디에서든 살아 내고
마침내 꽃을 피운다

섬세한 꽃술 뭉치
보드랍고 하얀 꽃잎들
그윽하고 향기로운 한바탕

들을 점령하는 백성들은
진설한 백설기 같은 제물이니
폄하하지 말라

세상의 모든 입에 미각을 선사하여
묵나물이 되고, 장아찌도 되어
반상에 오르니
어울려 즐기며
함께하는 이름, 개망초

여로旅路

침묵 속에서 캐니언은
오랜 비바람에
말할 수 없는 고뇌를 삭여 왔다

계곡에 광풍이 몰아치면
흩어질 먼지들이 내일을 예비하듯
캐니언을 검붉게 물들인다

수많은 시선들의 감탄사
놀라움의 환호성이 터지지만
캐니언은 아무 말이 없다

여정은 흐르고
캐니언은 사람들에게 축복일까
사람들은 캐니언에게 무엇일까

지구가 빚은 네 앞에
우리 삶은 미미해서
구르는 지구를 따라
먼지처럼 흩날리겠지

고요한 캐니언, 돌과 바위와 나무와

풀들만이 몸짓하며 다가오는 시간
트레일을 걸으면
여로의 깊은 의미를 만날 수 있을까

세貰

녀석이 농막에 세든 이후
먼저 세 들었던 쥐들이 사라졌다

거실에서 기침이라도 하면 눈치를 보다
내가 몸을 돌리면 바로 편한 자세로
오수를 즐긴다

사실 먹이도 주지 않는다
가끔 생선 한 토막 아궁이에 구우려 하면
야옹 하며 존재를 드러내지만
못 본 체 눈을 맞춰 주지 않는다

녀석은 내 인색을 힐난하고
또박또박 뒤돌아 가버린다
그러다 피곤해지면 제 집처럼 신발장 위로
냴름 올라 눕는다

녀석이 농막 안에 정착하고는
쥐들의 운동 소리가 소멸하였다

그래서일까

세든 것은 쥐도 고양이도 아닌
나인 것 같다

환삼덩굴

건습을 불문하고 어디든 간다
뱀 떼처럼 꿈틀꿈틀
나무와 농작물들 휘감으며
소리 없이 점령해 간다

점령한다니, 난 그저 빛을 바라
치열하게 살아갈 뿐인데

힘자랑하는 인간들은
내 세상에 쳐들어와 시퍼런 낫을
휘두르며 잔혹한 전쟁을 벌인다

자르고 토막 내고 치워 내도
거듭 되살아나 산야를 뒤덮을 테고
알고 보면 산채도 되고
병자들 약재도 되니
증오하며 싸우려 들지만 말고
한 번쯤 공생의 비책을 생각해 보기를

옥수수 추억

녹색 저고리에 로마 병정 투구를 쓰고
대포알 통에 총알 같은 알갱이들

옥수수 한 접 팔아야 만 원도 안 남고
맷돌로 갈아 밥 쪄먹고 산
어머니의 젊은 시절

이제 별미가 된 옥수수
한 입 물면 달콤 찰진 맛이여
하얀 옥수수 알갱이들 눈이 부시다

옥수수엔 슬픈 역사도 있다
뱀파이어 같은 펠라그라로
숨겨 간 세계 서민들의 애환

마야인들이 먹고 대륙을 건너
변신에 변신으로 필수 작물이 된 내력
추억과 사연 많은 옥수수를 다시 먹는다

야생화

취 밭에 야생화가 흐드러졌다
취 꽃과 경쟁하며 번식에 혼신을 다한다

사람들이 외친다 저건 잡초야
한바탕 전투하듯 야생화를 뽑아낸다

왜 이래, 우리가 뿌리 내리면 우리 땅이지
야생화의 항의에 귀가 먹먹하다

벌써 씨앗을 쟁여 후두두둑 대지로 든다
내년에도 어지간히 어우러질 태세다

어수선하고도
흥겨운 들녘이다

인진쑥청

한 사발 쑥청을 위해
인진쑥이 숙청당했네

생강과 가지, 보리수에
식혜수를 넣고
가마솥에 생성되는 인진쑥청

오장육부와 시력,
갱년기 회복에 좋다니

인진쑥청은 온몸을 바쳐
인간을 살리는
생명의 꿀이었네

자목련

수리봉 초입 농막 마당
어머니가 심은 자목련 한 그루
하늘 바라 솟는다

겨우내 송이송이 어여쁘게 빗으며
아릿아릿 꽃봉오리 피어오른다

황홀한 형상 눈부신 너,
님을 향해 피어라
발그레한 입술에 델까 두려울 만큼
열정으로 탐스럽게 벙글었다

꽃도 한 시절, 차마 꺾일 수 없어
뚝뚝 살점을 뜯어 내리듯
한 갈피 한 갈피 꽃 살 벗는
여린 너를 보면 피 토하며 울고 싶다

꽃잎 내린 땅에서 야채를 가꾸고
아버지는 텃밭 옆 둔덕에 누워 계신다

해마다 피울음을 토해 내고도
살아 뿜어 나오는 기쁨

주체하지 못하고
창공 향해 솟아오르는 너는

잣나무 숲

그의 큰 전체를
작은 나는 잘 볼 수 없다

청정한 기상으로 빛 바라기 하고
바람을 붙잡고 버티어 섰다

수많은 촉수의 탐침봉을
땅속에 심고 조용히 지구를 탐색한다

태양의 애무 속에
푸른 입술로 맹렬히 입맞춤한다

간혹 청설모들에게 열매를 뺏기고
오리나무가 영토를 넘보며 끼어들지만

소나무의 격려와 바람소리의 합창 속에
하늘 향해 청정무구 솟아오른다

잣나무의 하늘은
더 크고 푸르고 높다

오디

봄날의 햇살을 모아
도톰도톰 주렁주렁
자녀들을 매달았다

까만 눈동자, 살랑거리는 햇살
팔랑이는 잎새 사이로
맛깔스레 무르익는 오디

누에는 뽕을 먹고 비단을 낳고
사람은 뽕 먹고 오디 먹어
사랑을 낳는다

자녀들 품어 내는
어미 아비의 환희와 슬픔처럼
흑빛 고요 속에 빛나는 결실이다

감자 먹는 사람들[*]

감자의 서식지는 온 땅이다
쪄 먹고, 삶아 먹고, 튀겨 먹는
세계인의 좋은 먹거리

원 고향은 안데스 산지라지
얼마나 좋고 유용했으면
전 세계로 퍼뜨렸을까

뉘넌의 감자 먹는 사람들처럼
인생의 어둔 데서도 따뜻하게
나누어 먹기 좋은 양식이구나

[*] 빈센트 반 고흐, 「감자먹는 사람들」에서 차용

염결廉潔하게

살갗 벗겨질 만큼 때 밀어 목욕하듯
마지막 가는 송장 염하듯
슬픈 순수의 눈물이 흐르듯
오염 없이 깨끗한 거울 보듯
구름 한 점 없는 청명한 하늘 날아갈 듯
아무 걸림 없는 허공의 공허를 이르듯
모든 것 흔적 없이 녹아 버리는 용광로같이
자본이 모두에게 골고루 나뉘는 사회가 되듯
불안감 없이 착지한 체조 선수 같이
물방울 튀기지 않고 다이빙한 수영 선수같이
부패한 자금 없이 선거를 치른 정치인같이
진창 속에서 꽃 피우는 수련같이
성모님으로 예비 된 성처녀 마리아같이
아무 죄도 없이 십자가에
못 박힌 청년 예수와 같이
시의 가슴 활화산처럼 타오르고 싶지만
염결하게 살자고 할 수만은 없는 세상
그래서 더욱 시를 쓴다는 좋은 시인들
나도 그런 시를 쓸 수 있을까

제3부

달항아리

동산 위에 보름달
마음 부풀어 오르고
지붕 위의 박도 한아름 영근다

애환 없는 삶이 있을까
백성의 서린 한을 백토에 치댄다

호박 같은 진흙에 달덩이를 넣어
밟고 비벼, 숨을 붓고
물레를 돌리고 돌린다

품는 마음, 품어 푸는 가슴이여
반쪽의 사랑이 반쪽을 맞아
항아리가 태동한다

익어라 더 영글어라
가마에 불 지펴
천지인의 기를 품으면
보름달 항아리가 빛을 발한다
민초들의 거역 못할 빛이 되고
생애의 정기가 되라고

빛이 여물어 은근을 더하니
감히 내놓고 막 쓸 수 없어
고이 모셔 빛을 뿜는다
이조백자 달항아리

지하철 소묘

지하철은 질주하고 질주한다
내리고 타고
또 내리고 타고

핸드폰을 붙들고 즐거운 사람들
언성 높여 통화하는 여인들과 사내들
이국의 청년들도 서로 신났고
중절모 신사는 반바지에 운동화 차림
인터넷 삼매경에 흔들려도
곱게 늙은 할머니 얼굴도 밝아지네

다들 한 방향으로 가지만
하차할 곳 다양하게
제 갈 길로 가는 풍경

나도 그 풍경에
실려 질주하네

새싹

풀들아 일어나라, 고요히
태풍에 쓰러지더라도
빛나는 태양을 그리는 삶을 위해

풀들아 서로 손잡아 보자
미사일 떨어지는 이웃 나라
함께 보듬어 살 그들을 위해
다시 싹 내밀어 보자

천둥과 뇌우가 울고 흙바람 몰아와도
여름처럼 피어올랐다 먼지로 사라져도
꺾이고 쓰러져도 다시 일어나
새로운 역사라 하자

함께 살아가는 거친 대지
씨앗을 쟁여 전해 주고
바람 불면 동토에도 사막에도 날려 보내
만방에 새싹들을 틔워 보자
망가진 인간들 가슴에도

머슴記

오늘도 주인을 위해
울고 있다

진정한 삶이 무엇인지
진정한 사랑, 진정한 역사가
무엇인지 알지 못한 채

주인 아닌 주인 위해
울고 있다

소찬

요리를 잘하지는 못해
호기를 부리지만 셰프는 아니다

친구 관계도 어긋나기 일쑤고
틀어지기도 다반사이나
먹을 만하다며 웃어 주니
그래도 요리는 해 볼 만하다

고요하나 가슴엔
불길이 치솟아서
솥도 넘쳐흐른다

그러나 여기저기 죽어 나가는데
완장 찬 자들은 셰프 불러
연찬하며 건배하는 세상

우리들은 얼렁뚱땅 양념 쳐서
소찬이라도 하며
살아야 하지 않겠나

폭주

공정과 상식, 캐치프레이즈에 끌려
기관사를 세웠으나
사람의 삶에는 아랑곳하지 않고
내달리는 기관차를 보라

시인은 바보와 한 발 차이 *
꼭두각시와 허수아비, 법기술자로
정부를 구성하고, 산하조직을 꾸려
시민들 가슴앓이 나 몰라라 한들
누구를 한탄하겠는가

자기들의 왕이 운전대를 잡았다고
완장을 고수하는 탐관들을 보라
고뇌 없이 경쟁자를 옥죄거나
어르고 춤추며 바람막이에 나서는
적폐들을 보라

국민에겐 짐 지우고
기관차엔 관직과 명품백
양주를 싣고 달리면 된다 하니
불통 무능에 비열하고 부패해도
앞만 보고 말 달리는 마주를 보라

시대의 절망을 보라

절망 속에 피어난 꽃
오직 깨어 있는 시민들만이
폭주하는 권력을 이기리라

* 에드가 엘런 포, 「도둑맞은 편지」 중에서, 『우울과 몽상』, 하늘연못. 2005

여우의 사랑

불같은 멧돼지 싸움새가 놀라워 사랑했어

눈웃음 지으며 하는 모든 말들을 엄청 좋아했잖아

오해를 살 수 있다 해도 무조건 이해하고

다른 무리들을 쳐부수어 주었지

오늘날 일어나는 하찮은 불상사야

중상 모리배들이 질투하는 거잖아

사랑이 얼마나 깊은지 그네들은 아마 잘 모르나봐

그래서 당신을 택하였다는 것을

손잡고

싹수없는 세상이라 싹수 맛 좀 보려고
상추에 여며 쌈 싸 먹는 동안에
싹수는 날아갔다

저런 싹수 좀 봐라
대원들을 이태원 골목길에 보냈어도
사고를 막지는 못했을 것이다, 하네

이런 싹수를 봤나, 막 날아가던 싹수가
귀싸대기를 올려붙이려는 찰나
뒷배 든든한 관료는 끄떡도 하지 않고
사방팔방 방어막을 친다

어허, 이런 싹수없는 세상이 다 있나
싹수 날아가는 용산을 바라보며
싹수있는 세상,
손잡고 만들어 보자
우리 함께

직설 直說

어느 날
창조주의 영이
찾아와 말씀하셨다

유럽인들은 종족마다 신이 다르고
아시아도 아프리카인의 신도 다르다
국가마다 사람마다 어디서나
믿는 신이 달라도 같은 인류이다

피부색, 언어와 생각과
살아가는 방식이 다르지만
사람들 형제자매다

싸우지 말고 화합하며 아끼고 살아라
영토 욕심들도 내려놓아라

지구에 흩어진 모래알처럼
행성과 은하의 별들을 보면
인간들끼리 전쟁하다 죽는 게
별일도 아니라지만

생각해 보라, 어떤 명분으로도

죽고 죽이는 것, 무참히 피 흘림이
어찌 같은 사람끼리 할 짓인가

모두가 인류의 한 종種,
전쟁 없이 사랑하며 살아야 할
너희 모두 형제자매다,라고

새 강령

내게 능력을 주신다면
바오로 같은 사랑과 평화의 사도가 되어
불의한 권력가들을 회심케 하고 싶다

온 세상에 신디아스포라 선포하고
'인류는 모두 형제자매다'라는
새 강령을 전파하고 싶다

증오와 미움, 테러와 전쟁, 모두 거두라
신과 나라를 빙자한 테러와 전쟁을 삼가고
자유 의지로 신을 선택케 하고
무자비한 동물의 왕국을 만들지 마라

바람처럼 자유와 평화가 흐르는 세상
진정한 평화의 전사가 되고 싶다
창조주께서 내게 능력을 주신다면

진실에 대한 감사

들기름 참기름 고소하다
등심과 삼겹살 맛이 기막히다지만
생산 과정의 수고를 아는가

건축물, 시설물, 상품들 편히 쓰지만
제작 중에 쓰러진 사람들의
극한 흐느낌이 들리는가

독립, 민주, 자유, 평등
누리는 걸 당연시하지만
피와 땀과 눈물의 내력을 기억하는가

그 희생에 감사와 감사와 감사로
정당한 진실의 역사와 보상과 규명을 위해
연대하며 살아가야 하지 않는가

예의에 대하여

오늘도 멋쟁이로 출근한다
우아한 슈트와 넥타이에
단정한 가발 빗어 넘기고
세상사 안녕을 위해 애쓴다고
두루두루 인사도 하며
우국, 우국민 외쳐 주는 내 편 박수 받으며

환한 미소로 자주 악수하고
자유, 민주에 민생 운운하며
밤엔 헤게모니 장악 음모도 꾸민다
권좌를 위해 달려가는 가면의 사람

과거의 과거의 과거일랑 묻지 마라
어차피 한통속 한 핏줄인 걸

태극기 휘날리고 747과 503을 거쳐
합작으로 엮어 가는 패거리
오늘도 황금 권법을 즐기며 예의를 차린다
용산 농장을 지킨단다

멧돼지가 우두머리 된 의아한 세상
새살거리는 한 마리 여우와

추종하는 무리들의 동물 농장
여우에게 잘 보여야
권력에서 살아남는다지
이게 농장의 예의라지

건방진 것들은 하이에나 시켜 밟아 버려
이태원과 오송 사고, 해병 한 명 죽었다고
법석 떨며 농장 책임이라니
농장 지키는 일이 더 중요해

거룩한 똥

아름다운 대한민국엔
오천만 개의 똥 만드는 공장이 있다

고고한 부가가치를 생산하는 건 아니지만
불량품 공장은 진단을 받고 병원행인데
자재 납품도 못 받는 적잖은 공장을 위한
지원 대책이 시급하다

생산품의 향기로운 순환을 위한 재구조화가
사회의 큰 과제이기도 하니
건강 운영에 힘써 황홀한 제품을 생산하면
상찬의 박수를 받아 마땅하다

공장의 내용 연수와 지구의 수명도 늘어나고
생태 환경은 한결 풍요롭고
지구도 더욱 거룩해질 것이므로

해무_{海霧}의 고백

그는 납북 후 귀환 어부
효도를 하고자
오징어잡이 배에 탔었다
초짜 어부, 그날따라
만선으로 기분 좋아져
선장이 그만 집에 가자고
속히 돌아가고자 배를 돌렸는데
짙은 해무로 항로를 잃었고
북한 해군에 납치되었다

1년여 북한 생활
긍정의 마음으로 살고자
애쓰다 귀환하였으나
간첩이란 오명이 씌워졌다
감금, 고문, 폭행에 거짓 자백
생의 새는 허공으로 날았다
분단 역사의 차가운 땅
가슴에 서린 한의 이야기
해무처럼 막혔던 숨
지금 속에 숨 쉬고 있다

신新 해방의 노래

진정 되살아갈 삶의 향연으로
우리의 터전 한반도에 참 소망을 심으려면

겨레의 비원과 고혼 숨 쉬는 강산
허리마저 잘린 서글픔의 역사 위에
폭력 없는 말의 자유, 자유의 몸짓을 다오

원치 않은 이데올로기가 낳은 반쪽들
삶이여, 우리 삶의 애런이여
어허라 어기여기

온갖 소망과 좌절, 치욕과 한의 극복,
겨레 위한 마음에 참 믿음을 가지려면
우리 비상하는 시공, 금기 없는 사상의 자유
구속 없는 자유로운 양심을 다오

신음하는 육신, 난무하는 혼백
불여귀의 피울음을 보듬어 살고 지고
공생하는 삶이여
살아갈 내일에 사랑할 우리여

다시 고운 오솔길에 발을 이끌고

조리졸졸 시냇물 우리 맘에 흐르도록
깨쳐나는 민족사, 하나되자는
염원의 어깨춤, 고뇌의 산하에
참 사랑 이루려는가

한반도 만년萬年을 위한 신들린 21세기
겨레의 융성과 진보하는 세계사에
참 지성을 세우려는가

막힘없는 무한의 극에 활공하는 벡터 공간
자유의 이성, 궁행하는 자유를 다오
인간 해방과 창조의 정신, 해일을 다오
사랑하는 삶이여, 하나되는 겨레여 인류여
어허라, 어기여기

제4부

길 밖의 길

60여 년을 온실에 살다가 퇴직을 하고
암에 걸려 광야로 나왔다

거친 들녘에 황사가 휘몰아치고
날 저물어 빛은 보이지 않았다

방향을 찾아 헤매다 님의 음성을 들었다
'두려워 말라, 두려워 말라 어느 길이든 너의 길'

두려움을 걷어 내고 광야를 걷는다
물설고, 길설은 가난한 세상이 모두 광야다

새 언어는 나의 복음
서투른 시를 쓰며 길 밖의 낯선 풍경으로
빛나는 메시지를 찾아 뚜벅뚜벅 나아간다

Cancer Free

암 진단을 받고 님께 여쭈니
좀 더 베풀다 오라시며
온갖 치료제와 좋은 음식을 주셨다

암이란 사랑의 병
치유의 동산에서
은혜로운 사람들 만나

이웃과 더불어 님의 이름을 빛내
님께 찬송과 영광, 올려 드리고
천국에 보화를 쌓으며

연대하는 삶
나눔과 사랑의 은총으로
서로 부응해 즐겨 일하다 가리라

무를 다듬다

같은 씨를 같은 땅에 심었는데
이들은 어찌 이리 다른지
훤칠한 놈, 못난 놈, 썩어 고름 든 놈
삐뚤삐뚤 상흔에 벌레 먹은 부위들
잘라 내며 다듬는다

모난 마음, 증오와 편견에
울퉁불퉁 어지럽다, 한 땅에서 난 무들
다듬고 씻어 국도 끓이고
생채, 깍두기에 김칫소도 만든다

지구촌 밭에 함께 살아가는 인류
화약 말고 화평으로 살아가게
아우르고 여미어 줄 수는 없을까

무 다듬듯 심신을 다듬고 우주를 바라본다
장벽을 거두고 가슴을 열어 닦고 다듬어
세상에 두리둥실 살아들 가야지

천국행 열차

샤머니즘만 미신이 아니다
사랑의 연대 없는
모든 종교가 미신이다

삶의 몸짓은 거미줄 치기
허공에 철로를 깔고 창공을 바라본다

천국행 열차가 곧 출발한다
피곤하고 갈 길 바쁜 세상이지만
곤고한 이들에게 좌석을 양보하기를

정차할 역과 환승역을 잘 보라
양심세탁 역에 내려 죄를 씻고
선업善業 역에선 생활 열차로 갈아타라

곧 출입문 닫힌다

당신의 광대가 되어

신나게 산다
당신을 생각하며
언제 어디서든 이웃을 부르고
더불어 살아가는 동반자

명랑하게 산다
당신께는
언제나 청하고 기도하며
울고 웃는 개구쟁이 아들딸로

다정하게 산다
당신이 필요한 곳 어디든 달려가
형제자매들 호위하는
사랑의 전사로

즐겁게 산다
이 세상에 님을 선포하고, 덩더쿵
노래하고 춤추는 광대로

곁으로

삶이 다하는 날

그 분의 곁으로 가리라

자잘한 일상에

시시비비 가리지 않고

큰 사랑 가슴에 품었다 풀며

모든 이웃들과 정겹게 살다

우주를 초월한 영원의 나라

그 분의 곁으로 오르리라

새 생명의 자궁 子宮

사내들아 가자
생명의 시원始原
화해의 자궁으로 가자

뒷골목 시궁창
오열하는 생의 씨앗
공포의 그림자 흩날리는
죽음의 재 거두고
구역질나는 과거
청산하고 가자

온몸에 흐르는 뜨거운 피
전율로 솟아나는
정기正氣 스며라
가련한 여인의 역사에

아기 품은 우리네 여인들
송진으로 돋아
자양 쏟는 그 젖통
사랑 사랑이여
아지 못한 사랑이여!

겨레가 만나는 솟을터전
동서가 손잡는 땅
그것일랑 우리 여인에게
돌려줘라 그리고 가자

세상 사내들아 가자
네 한 뜻 바로 세우고
영원한 인류의 고향
새 생명의 자궁으로 가자

일상

하루하루의 삶을 감사하고 찬미하여라

생이 펄펄 살아 있음을
된장찌개 김치찌개 먹을 수 있음을

눈부신 태양 빛, 잉태되는 새 생명들
오늘 살아 푸른 하늘 바라볼 수 있음을
푸른 하늘 밑 각종 야채들 먹을 수 있음을

생생한 숲을 누리고 시원한 바람 마실 수 있음을
바람에 실려 오는 들녘의 향기를 맡고
좋은 음악을 들을 수 있음을

아름다운 이들과 함께하며 연계할 수 있음을
사랑의 마을도 가꾸어 갈 수 있음을
언제 어디서든 님께 향할 수 있음을

감사, 감사, 감사하고, 찬미하여라

비소유격 가족

분명 내 아들이고, 아내인데
아들의 엄마인 그녀는 딴사람 같다
아들을 애틋하게 안아 주며
비교적 착하게 살아 줘 고맙다며 칭찬한다

때로 아들의 잘못을 나무라는
내 말에도 시비를 건다
아들은 우리 아들이 아니라
하느님이 맡긴 존재라고 격려만 하자는 것

그래, 아내는 아들의 엄마다
소통 채널을 제대로 가동하고
은총을 소망하며 함께 기도하는 시간
가족은 나의 소유가 아니라
모두에게 주신 선물이다

교통 정보

양수의 바다를 건너
세상에 던져진 사람들아
생의 교통 정보를 잘 파악하여
바른 인생길로 향하자

지옥행으로 가는 길은 화려하고,
현란하여 매혹되기 쉽고
천국으로 가는 길은
바늘귀로 뚫린 좁은 길이다

일상의 여러 길이 있으나
사랑 길을 찾아
은혜로운 방향을 선택하면
천국행에 유익하리라

새로운 길이 나타날 때마다
긍정의 길을 찾아
세상의 선으로 귀감이 되고

혜명慧明한 마음을 키워
사사私邪를 피하고
정도正道로 가리라
생의 갈림길에 서면

5차원 아들

그는 5차원 세계에 산다

도파민 충만한 환상의 세계에서
세상모르고 산다

별세계 UFO를 타고
지구의 일들이야 까짓것
지들이 하면 되지, 생각하며

아빠는 괜스레 걱정이 많다며
어찌 살든 결국 주님만 만나면 될 것을
뭐가 문제냐고 한다

오늘 하루 잘 먹고
재미있는 책을 뒤적이다 보면
하늘의 태양이 웃는단다

현실의 행불행을 규정할 수 없는
그는 5차원 세계의 어린 왕자이다

유영遊泳의 꿈

탄생은 날마다 경이롭구나
산천초목이 도열하고
바다와 구름과 바람이 경배하네
새들은 찬양의 노래를 부르고
고요를 깨워 생명들을 요동치게 하네
이슬은 구슬로 승천을 준비하고

때를 따라 이 모든 것들이 필요하리라
만상의 성장을 위해 빛이 뿌려졌고
세상 구석구석 모든 것을 사랑하고 사랑했네
창창한 시간, 사랑의 축제도 지내고
이젠 들어갈 시간,
내일의 부활을 위해
오늘은 닫아야 하네

강물이 허리를 접고 바다도 숨죽이네
지평선과 수평선이 정열하고
지신, 해신, 화신, 풍신이 호위하며
별무리들도 소식이 닿았는지
고개 들어 도열을 시작하고
우주가 경의를 표하네

저기 노을과 빛무리 속으로
새들이 진혼가를 부르며 엄숙한 예를 표한다
누구도 슬퍼 마라, 내일 또 다시 일어나리
영생을 소망하는 자들아,
모든 것이 그대로이고 가면 또 오리라

이쪽에서 지는 나
저쪽에서 다시 솟아
우주에서 유영하며
그 빛을 발하리라
그와 함께 영원히

하이재킹

그녀를 천공에서 하이재킹하였다
갈래머리 여대생, 또각또각 발소리
그날의 아름답던 풍경

그러나 나는 지금 그녀의 감옥에 있다
사람의 율법엔 무감한 아내
주님의 사랑법만을 철칙으로 산다

그녀의 품안에서 나는 자유한다
온유한 정기와 영양으로 영육을 살찌우고
지오성知悟性을 발휘케 하는
그녀의 성城

천지 자연을 오가며
상상의 나래 속
낭만의 탈주를 꿈꾼다
초월하는 우주 속으로
나를 위한 하이재킹

해설

■ 해설

질경이처럼 살고 질경이처럼 쓰는 시

박부민 (시인)

1.

작금의 대부분의 시인들도 당연히 시의 독자들이었다. 누군가의 시에서 받은 감동이 자기 시창작 입문의 기점일 것이다. 그 감동이 자신도 시를 쓰고 싶다는 내적 발화의 부싯돌이다. 그것이 삶의 불쏘시개를 만나 점화되면 시를 배워 익히며 자기만의 감동을 창조하고 싶어진다. 그렇게 주변의 인식과 선배들의 인정을 받으면서 시인으로 나아가게 된다. 기회가 빨리 오는 이도 있고 뒤늦게 발동하는 경우도 있다.

각자에게 시적인 감동의 씨알들이 유난히 반짝이며 다가서는 시기가 있다. 바쁜 일상에 숨어 있던 문학적 감성과 묵상들이 퇴직이나 휴식기 혹은 노년의 여유 속에서 마침내 발현되는 경우. 개인사나 가정사에 있어 희비의 큰 변곡점을 겪거나 가치관의 반전이 생길 때. 그리고 여러 시집을 읽으면서 문예적 희열과 카타르시스를 느낄 때가 그것이다.

이런 특별한 기회들이 작동해 시창작의 열망을 불꽃으로 타오르게 한다. 김진명 시인은 〈시인의 말〉에서도 밝혔듯이 난치병의 위기에서 벗어난 감사와 감격을 기반으로 인생의 마지막 전환점을 맞이한 일을 숨기지 않는다. 이러한 변환의 새 출발점에서 김 시인이 시를 붙든 것은 어쩌면 필연이었을지 모른다. 왜

냐면 모든 사물과 사건과 인간관계가 새롭게 보였을 것이기 때문이다.

>머그잔에 녹차 한 잔
>고요히 들여다본다
>
>말을 걸어오는 연록 색 찻물
>또로록 말렸던 찻잎이
>여울져 풀어지니
>옹송그리던 마음도 풀린다
>
>두 손으로 찻잔을 감싸
>따스한 온기로
>눈 마사지를 하며 명상에 들면
>
>보인다, 은하들의 반짝임
>빅뱅이 소용돌이쳐
>별자리들이 춤춘다
>
>가만히 손을 풀고
>다향 속의 우주와
>눈앞의 일상을 반추한다

- 「우주 한 잔」 전문

시인은 새로운 삶의 변화를 통해 세상, 즉 일상과 우주를 함께 보는 눈을 떴다고 한다. 사도 바울이 다마스쿠스 길목에서 예수를 빛으로 만난 후 사흘 간 눈이 멀었다가 새 눈을 뜬 것과 비슷하다. 회심한 성 프란시스가 새 세상을 본 것도 그렇다. 동일한 만물이지만 영혼의 눈, 가치관이 새로워지면 전에 안 보이던 것들이 보인다.

그런데 여기서 시인이 들이켜는 "우주 한 잔"이 엄청난 과장이랄 순 없다. 달관에 비할 만큼 세상의 이치를 이미 터득했다는 건 아니기 때문이다. 쳇바퀴 같은 인생을 바삐 살다가 삶과 세상을 반추할 차 한 잔과 묵상의 여유를 이제야 얻었다는 뜻이다. 시인은 그런 새로운 시각과 시선을 시에 투영하고 싶었을 것이다. 그래서 시를 더 배우고 쓰지 않고는 견딜 수 없게 됐음을 짐작케 한다.

2.

60여 년을 온실에 살다가 퇴직을 하고
암에 걸려 광야로 나왔다

거친 들녘에 황사가 휘몰아치고
날 저물어 빛은 보이지 않았다

방향을 찾아 헤매다 님의 음성을 들었다
'두려워 말라, 두려워 말라 어느 길이든 너의 길'

두려움을 걷어 내고 광야를 걷는다
물설고, 길설은 가난한 세상이 모두 광야다

새 언어는 나의 복음
　서투른 시를 쓰며 길 밖의 낯선 풍경으로
　빛나는 메시지를 찾아 뚜벅뚜벅 나아간다

- 「길 밖의 길」 전문

"새 언어"의 길, 시라고 하는 문학의 "길 밖의 낯선 풍경"을 맞이하면서 "서투른 시"를 쓴다는 진솔한 고백은 수줍게 첫 시집을 내는 시인의 떨림을 보여준다. 동시에 "빛나는 메시지를 찾아" 가겠다는 표현은 이 일을 쉽게 포기하지 않고 질기게 해보겠다는 다짐으로도 읽힌다. 시를 읽고 쓰는 행위가 예전보다는 더 대중적이고 보편화된 시절이기에 누구나 결단하면 시인이 될 수 있다. 그래서 시 쓰기는 쉽지만 또 어려운 일이기도 하다. 시인이 '뚜벅뚜벅" 걷고자 하는 시의 길은 만만치 않다. 일상과 세계를 감동 있는 시로 잘 녹여 내는 일이 그리 쉽지 않다는 것을 시인도 느끼고 있다.

　불후의 명작을 위해
　몽상을 펼쳐 보지만
　시詩는 잡히지도 않고
　훨훨 도망간다

- 「시詩」 부분

모든 예술은 자기 위안과 취미로만 머물러도 크게 시비 걸 일은 없다. 그러나 공적 작품으로 발표할 때는 감상자의 반응을 염두에 둔다, 즉 나름의 감동을 주어야 한다. 그 진폭에 관계없이 최소한의 감동이 있을 때 한 시집이 출간되는 의미를 부여받게 된다. 시인은 "진창 속에서 꽃 피우는 수련 같"(시, 「염결하게」)은 감동이 있는 시를 쓰고 싶어 한다. 시인은 시를 쓰려는 열망이 세상의 혼탁함과 대척되는 고결한 일이라고 생각한다.

염결성 있는 삶을 살며 시를 쓰고 싶은데 세상은 쉬 용납지 않는다. 그래서 시를 쓰는 일이 쉽지 않다고 느낀다. 그런데 이런 진창의 세상에서 오히려 그걸 견뎌 내며 꽃처럼 좋은 시를 쓰는 이들이 있다니. 시인은 그들이 무척 부럽다. 자신도 그들처럼 현실을 이겨 내며 좋은 시를 쓰고 싶단다. 그만큼 이 첫 시집을 내는 시인의 갈망과 자세는 겸허하다.

> 시의 가슴 활화산처럼 타오르고 싶지만
> 염결하게 살자고 할 수만은 없는 세상
> 그래서 더욱 시를 쓴다는 좋은 시인들
> 나도 그런 시를 쓸 수 있을까

- 「염결하게」 부분

이러한 시에 대한 겸허한 열망이 있기에 시인은 일생을 통해 묵상해 온 흔적을 시로 빚어낼 수 있었다. 어렵고 좋은 시에 대한 일종의 겸손한 열등감과 동경이 혼합된 채 삶의 작은 편린들에 애정을 두고 최대한 낮은 자세로 쓴다. 이 때문에 심하게 가공되지 않은 날것의 풋풋함은 되레 이 시집의 특징이 되었다. 시인이 구사하는 꾸밈없는 말투는 삶에 대한 진솔한 내러티브로서 막 출발하는 시인의 풋풋함과 진정성을 잘 반영한다.

3.

시인의 삶의 큰 변곡점에는 병의 치유 후에 더욱 돈독해진 신앙과 가족 간의 사랑이 자리하고 있다.

"삶이 다 하는 날/그 분의 곁으로 가리라/자잘한 일상에/시시비비 가리지 않고/큰 사랑 가슴에 품었다 풀며/모든 이웃들과 정겹게 살다/우주를 초월한 영원의 나라/그 분의 곁으로 오르리라" - 「곁으로」 전문

"하루하루의 삶을 감사하고 찬미하여라/생이 펄펄 살아 있음을/된장찌개 김치찌개 먹을 수 있음을(……) 아름다운 이들과 함께 하며 연계할 수 있음을/사랑의 마을도 가꾸어 갈 수 있음을/언제 어디서든 님께 향할 수 있음을//감사, 감사, 감사하고, 찬미하여라" - 「일상」 부분

"이쪽에서 지는 나/저쪽에서 다시 솟아/우주에서 유영하며/그 빛을 발하리라/그와 함께 영원히" - 「유영遊泳의 꿈」 부분

신앙은 이렇게 시인의 삶과 세계관 그리고 시에 지대한 영향을 끼친다. 이 신앙을 기반으로 시인은 자신을 지탱해 준 가족에 대한 사랑을 더 깊이 재인식하고 따뜻한 위트를 사용해 그 이야기를 들려준다.

봄날의 햇살을 모아
도톰도톰 주렁주렁

자녀들을 매달았다

까만 눈동자, 살랑거리는 햇살
팔랑이는 잎새 사이로
맛깔스레 무르익는 오디

누에는 뽕을 먹고 비단을 낳고
사람은 뽕 먹고 오디 먹어
사랑을 낳는다

자녀들 품어 내는
어미 아비의 환희와 슬픔처럼
흑빛 고요 속에 빛나는 결실이다

―「오디」 전문

가족의 탄생과 형성에 대한 찬사는 시인의 가족주의적 성향을 보여준다. 우리 시대의 화두 중의 하나가 가족 해체와 회복의 문제라는 점에서 시인은 가족의 소중함과 부모들의 헌신의 가치를 재확인하고 있다. 현대는 핵가족과 개인주의, 그리고 부모가 자녀를 품어 내고 뒷바라지 하는 일마저 어리석다고 말하는 포스트모던 사회의 파도 속에 있다. 이 와중에 가족의 가치를 천착하고 이를 시화하는 일은 일견 고리타분한 전통주의나 도덕주의로 매도될 수 있을 것이다.

그럼에도 시인은 애써 가족의 본의를 묘사하면서 "흑빛 고요 속에 빛나는 결실"이라는 아포리즘을 거침없이 내뱉는다. 이러한 가족의 복된 결실은 "환희와 슬픔"이라는 역설을 함유한 부모의 헌신으로 이루어진다. 시인은 부모의 희생과 헌신이 허망한 투자라고 여기는 신개념들을 여지없이 부숴 버린다. 가족의 근간이 진정한 사랑임을 믿고 실행하는 가정이 아직은 건재하다는 것. 그리고 "가족은 나의 소유가 아니라/모두에게 주신 선물이다"(시, 「비소유격 가족」)는 신념. 그것이 회복해야 할 우리 사회의 중요한 항목임을 강조하는 것은 한물간 식상한 주제가 아니라 "빛나는 메시지"이다.

시인은 종종 사물이나 사건에서 부모에 대한 회상을 호출한다. "어여쁜 자목련을 심던 어머니"와 "꽃잎 내린 땅에서 야채를 가꾸던 아버지"(시, 「자목련」)에 대한 추억과 그리움을 토한다. 또 아내에 대해서는 시 「하이재킹」에서 "그녀를 천공에서 하이재킹하였다"고 첫 만남을 아름답게 추억하고 "그러나 나는 지금 그녀의 감옥에 있다"면서 "그녀의 품안에서 나는 자유한다"라고 익살을 부린다.

그리고 아들에 대해 "현실의 행불행을 규정할 수 없는/그는 5차원 세계의 어린 왕자이다"(시, 「5차원 아들」)라며 엄살 섞인 애정을 표한다. 가족의 즐거움과 사랑을 에둘러 보여주는 가족 시편들은 오래된 노래인 '즐거운 나의 집(Home Sweet Home)'의 '즐거운 곳에서는 날 오라 하여도 내 쉴 곳은 오직 내 집뿐이네'라는 가사의 체현이다. 시인은 새로운 삶의 한 축이 '가족'이라고 분명히 말한다. 나아가 '환희와 슬픔'의 역설을 함께 나누는 '즐거운' 가족이라는, 오늘날엔 희석돼 가는 진리를 강조한다.

4.

 섬세한 시인의 시선은 이제 사회로도 향한다. 보통 질병과 치유를 통해 신앙과 삶의 큰 변화를 겪은 이들은 사회나 세계에 대한 관심에서 멀어져 고요한 삶과 가정에만 충실하려고 한다. 심신의 건강을 지켜나가려니 당연한 귀결일 것이다. 그러나 김 시인은 특이하게도 자신의 삶과 신앙, 가족의 숭고한 가치에 대한 성찰에서 사회에 대한 재발견으로 더 나아간다. "배우고 깨우치"며 "허공의 집을 모두 부수고 다시 나를 풀어 놓"(시, 「허공에 나를」)아 자신에 대한 집착과 몰아의 단계를 넘어서겠다는 의지를 밝힌다.

 그래서 치유 받은 즉시 "연대하는 삶/나눔과 사랑의 은총으로/서로 부응해 즐겨 일하다 가리라"(시, 「Cancer Free」)고 다짐한다. 이 점이 김 시인의 삶의 철학을 보통의 사람들과 구별 짓게 하는 요소이다. "고요하나 가슴엔/ 불길이 치솟아서/솥도 넘쳐 흐른다"(시, 「소찬」)는 시인은 새로운 삶의 한 축으로서의 의분을 가진 '정의파'의 면모를 보인다. '슬픔도 노여움도 없이 살아가는 자는 조국을 사랑하고 있지 않다'고 한 러시아의 시인 네크라소프의 유명 구절을 생각게 하는 대목이다. 시인은 우리 사회의 무서운 그림자와 같이 부단히 따라다니는 물질주의와 부조리와 불화를 슬퍼하며 노여워한다. 그리고 그것이 속히 사라지기를 바라는 갈망을 거의 여과 없이 토로한다.

 "도리깨 받을 새도 없이 쏴그르르/깨알들이 주체 못할 몸짓으로 튀어 나온다//네 집이 아니니 어서 나오거라/모두 흙먼지 되어 갈 섶

이니라/거미줄 사슬의 머리통/돈, 돈, 돈맥에 막힌 혈관들도 풀어지거라" - 「타작마당」 부분

"그림자는 없어지질 않네요/걷어 내 주세요, 세상 속에서/차별과 고립, 소외와 방치의/질긴 그림자를" - 「그림자」 부분

시인이 말하는 불의는 돈과 차별과 고립과 소외와 방치 같은 인권과 생명의 문제이며 정권의 무지와 무능과 무법을 비롯한 정치와 경제, 사회, 문화까지 광범위하다. 납북된 후 귀환했다가 간첩으로 몰린 어부의 딱한 사정(시, 「해무海霧의 고백」)을 대변하는가 하면 실시간 목도하는 현실인, 폭주하는 권력의 허세와 무능과 맹점, 소위 권력 2인자나 그에 얽힌 국가적 절망 상태도 신랄하게 고발하고 풍자한다.

"공정과 상식, 캐치프레이즈에 끌려/기관차를 세웠으나/사람의 삶에는 아랑곳하지 않고/내달리는 기관차를 보라(……)국민에겐 짐 지우고/기관차엔 관직과 명품백/양주를 싣고 달리면 된다 하니/불통 무능에 비열하고 부패해도/앞만 보고 말 달리는 마주를 보라/시대의 절망을 보라" - 「폭주」 부분

"멧돼지가 우두머리 된 의아한 세상/새살거리는 한 마리 여우와 / 추종하는 무리들의 동물농장/여우에게 잘 보여야/ 권력에서 살아남는다지/이게 농장의 예의라지" - 「예의에 대하여」 부분

이런 직설적이고 절박한 풍자와 비판은 마치 아모스 같은 구약의 선지자들을 떠올리게 한다. 슬프게도 군사정권 때나 나왔

을 법한 이런 시들이 재등장하는 것은 그만큼 우리 사회가 민주주의적 진전을 이루지 못하고 동물농장에 비견될 정도로 후퇴했다는 반증이기도 하다. 이를 극복하는 길은 결국 시민들의 각성된 의식과 행동에 달려 있다는 것을 시인은 확인시켜 준다. "절망 속에 피어난 꽃/오직 깨어 있는 시민들만이/폭주하는 권력을 이기리라"(시, 「폭주」)면서 "어허, 이런 싹수없는 세상이 다 있나/싹수 날아가는 용산을 바라보며/싹수있는 세상/손잡고 만들어 보자/우리 함께"(시, 「손잡고」)라고 독려한다.

5.

사회에 대한 시인의 성찰은 필연적으로 세계 시민으로서의 자각으로까지 진행된다.

"진정 되살아 갈 삶의 향연으로/우리의 터전 한반도에 참 소망을 심으려면//겨레의 비원과 고혼 숨쉬는 강산/허리마저 잘린 서글픔의 역사 위에/폭력 없는 말의 자유, 자유의 몸짓을 다오(……)자유의 이성, 궁행하는 자유를 다오/인간 해방과 창조의 정신, 해일을 다오/사랑하는 삶이여, 하나되는 겨레여 인류여/어허라, 어기여기" - 「신新 해방의 노래」 부분

우리 역사의 고통과 진정한 해방과 자유를 향한 시인의 염원은 인류의 염원으로 이어진다. 이는 우리에게 필요한 의로운 가치의 세계 보편성을 바라보며 현실을 타개하자는 외침이기도 하다. 그렇게 시인의 시선이 세계와 우주로 연장되는 것이다. 이것은 앞서 언급했던 "우주 한 잔"의 깨달음, 곧 일상과 우주를 동

시에 사유해 가려고 하는 시인의 자세에 잇닿아 있음은 자명하다.

시인은 지구촌의 생태 환경에도 관심을 가질 뿐 아니라(시, 「거룩한 똥」) 세계의 핍박받는 역사와 민중들에 연민을 갖는다.

"옥수수엔 슬픈 역사도 있다/뱀파이어 같은 펠라그라로/숨겨 간 세계 서민들의 애환//마야인들이 먹고 대륙을 건너/변신에 변신으로 필수 작물이 된 내력/추억과 사연 많은 옥수수를 다시 먹는다" - 「옥수수 추억」 부분

시인이 결국 기도하며 갈망하는 것은 평화로운 세계이다. 시인이 값진 선물처럼 덤으로 받은 여생의 소원은 무엇일까? "바람처럼 자유와 평화가 흐르는 세상/진정한 평화의 전사가 되"(시, 「새 강령」)는 것이다. "모두가 인류의 한 종種/전쟁 없이 사랑하며 살아야 할/너희 모두 형제자매다, 라고"(시, 「직설直說」) 한 창조주의 평화 명령을 지키며 사는 것이다. 그래서 시인은 다음과 같은 시를 쓴다.

"지구촌 밭에 함께 살아가는 인류/화약 말고 화평으로 살아가게/아우르고 여미어 줄 수는 없을까//무 다듬듯 심신을 다듬고 우주를 바라본다/장벽을 거두고 가슴을 열어 닦고 다듬어/ 세상에 두리둥실 살아들 가야지" - 「무를 다듬다」 부분

"풀들아 서로 손잡아 보자/미사일 떨어지는 이웃 나라/함께 보듬어 살 그들을 위해/다시 싹 내밀어 보자" - 「새싹」 부분

혼돈의 세상 속에서 시인은, 그리고 이제 막 시를 쓰려는 사람은 무엇에 시적 시선을 두어야 할까. 그것은 사실 자유로운 영역이다. 이 세상에 시가 되지 않는 대상은 없다. 사물이든 인물이든 사건이든 이념이든 미학적 가치이든 생각의 흐름이든 무엇이나 시적 소재와 주제에 들 수 있다. 그것이 시의 전통이요 역사이다. 그러나 시인이 시민으로서의 시대적 책임감을 느껴서 사회와 세계의 보편적인 가치를 구현하려는 소원이 있다면 그것을 반영하는 시적 노력과 역동성은 꼭 필요하다.

개인에만 몰두하지 않고 인간 정서와 인권의 기초를 존엄히 인식하면서 사회적으로도 확장된 시를 쓸 수 있다. 일상과 연결된 접점을 갖고 쓰기도 하고 사회 양상을 직접 다룰 수도 있을 것이다. 어떤 식으로든 당대의 문제에 대한 성찰과 선지자적 지혜를 시에 녹여 내려 분투하는 시인이 많아지기를 바라는 시점이다.

6.

누구나 시를 배우고 쓸 수 있는 열린 시대라서 한 사람의 시인과 시집을 사회에 더하는 일이 쉽게 느껴지는 시대를 맞이했다. 그러나 절실히 요구되는 것은 개인과 사회적 감성이 편향되거나 왜곡되지 않고 잘 통합된 시인이며 나아가 인류 보편적 가치를 품고 사유하는 시인이다. 쉽지 않다. 언어와 사유의 입체적 결합이 좋은 시라면 모두의 부단한 노력이 따라야 한다. 이런 점에서, 김진명 시인의 첫 걸음을 보며 질기디질긴 생명적인 사유와 시적 확장성, 언어미학적 가능성을 두루 느낀 것은 다행이었다.

마당에도 길 복판에도
질기고 질긴 역사

핍박을 견디는 민족들
짓이겨 찢기는
팔레스타인, 우크라이나 난민들 같이
포탄 지옥 재난 속에서도
살아 낸다, 질경이

거친 노상, 몸부림치며
핏물, 눈물로 뿌리내리고
우주 아래
내일을 바라 솟구친다

모진 폭풍 뚫고
함께 일어선다
질경이

- 「질경이」 전문

김진명 시인은 "산과 들의 백성들/어디에서든 살아 내고/마침내 꽃을 피운다"(시, 「개망초」)고 말한다. 역사는 선하게 질긴 자들의 것이며 함께 일어서서 역사를 만드는 자들이 질긴 자들이다. 시인 또한 개망초나 질경이처럼 질긴 삶을 살아 냈고 살아가고 있으며 종점까지 그렇게 살아갈 것이다. 따라서 김 시인의 시 쓰기는 그저 여가 생활의 일환이 아니다. 그 자체가 한 편의 질긴 삶의 이면이고 삶을 지탱하는 새로운 근력 운동이다. 김 시인은 시 또한 질경이처럼 질기게 쓸 것이다.

  질경이처럼 살고 질경이처럼 시를 쓰는 열정대로라면 김 시인은 분명히 더 좋은 시의 결실을 볼 것이다. 건강을 추스르면서 여유를 갖고 건실한 시야를 계속 견지하기를 바란다. 사회와 세계에 대한 시선이 더 멀고 깊은 곳으로 가길 바란다. 삶의 외경과 실천성을 담지한 김진명의 시들이 향후 시적 시야와 시력의 진전된 강화 위에서 부단한 언어적 연마를 더 이룬다면 단비와 같이 다가올 것이라 기대한다. "빛나는 메시지를 찾아 뚜벅뚜벅 나아가"는 질기고 뜨거운 그 걸음을 진심으로 응원한다.